ENTRÉNALES PARA LA VIDA

Enseña a tus hijos pautas emocionales sencillas para superar sus miedos y potenciar su optimismo, confianza y seguridad antes de que sea demasiado tarde.

LuisGarre

ÍNDICE

REGALO PARA LOS LECTORES

Querido lector antes de comenzar quiero agradecerte la lectura de este libro regalándote mi ebook

En la sociedad actual de las prisas y el estrés en la que vivimos,
hemos perdido por completo **la mágica conexión con la madre naturaleza**,
factor muy influyente para conseguir **elevar el espíritu hacia pensamientos y reflexiones superiores.**

En nuestro interior se encuentra la luz espiritual que en realidad somos.

El verdadero reto es alcanzar el nivel más elevado de nosotros mismos.

Puedes descargarte este ebook gratuito haciendo clic en el siguiente enlace o entrando desde tu ordenador a la siguiente dirección:

www.luisgarre.com/regalo

INTRODUCCIÓN. LA EDUCACIÓN DE TU HIJO ES ASUNTO TUYO Y UNA DE LAS TAREAS MÁS IMPORTANTES QUE DEBES HACER EN LA VIDA.

Hola amigos, antes de comenzar a profundizar y entrar en materia quiero contaros lo que me ha movido a escribir este libro que he dedicado a vosotros, los padres y madres de las futuras personas que vivirán en este planeta y que deberán seguir construyendo y defendiendo la mejor comunidad y unión posible entre todos los seres humanos.

Este libro está dirigido a los padres y a las personas que se encargan de la educación de un hijo o que tienen a su disposición la tutela de un niño, sea de la edad que sea, desde 0 años a 18, 19, 20 o 21 años incluso donde ya esa persona haya construido su propia personalidad y sea el momento de volar y mostrarse ante el mundo para construir su propio camino personal.

He decidido dedicar mi esfuerzo al trabajo de ayudar a criar y educar niños sanos mental, física y espiritualmente. Niños que inicien su desarrollo personal desde muy pequeños para que aprendan a auto motivarse en valores y pensamientos realmente positivos, constructivos y adecuados.

Mi única intención es que los padres que lean este libro aprendan a transmitir a sus hijos las pautas fundamentales del amor y que a su vez estos mismos padres refuercen su propia voz interior que brota desde el amor verdadero y puro para que puedan establecer conexión con sus descendientes de una forma plena y verdadera.

La educación a un hijo debe establecerse desde la **moderación, el equilibrio y la armonía emocional.** Como todo en la vida, en este reto, el mayor y más importante que tendrás en tu vida, la disciplina y valores que enseñarás a tus hijos no serán ni rígidos y autoritarios ni permisivos o excesivamente pasivos.

El mundo que les espera a la vuelta de la esquina es complicado y competitivo. Tanto tú como yo lo sabemos y ya hemos pasado por eso, así que lo que toca ahora es prepararles lo mejor posible para que se enfrenten a él con las mejores herramientas mentales y emocionales que podamos inculcarles desde temprana edad.

Todos deseamos ver a nuestros hijos disfrutar del éxito pero antes debemos enseñarles lo que realmente significa esa palabra tan nombrada en nuestra sociedad y que a veces tanto daño causa a las personas por su mal entendido significado. La palabra éxito crea tantas frustraciones que muchas veces confundimos su auténtica expresión. No hay una verdad absoluta y única para definir el éxito pero podemos empezar por decirles a nuestros hijos que **el mayor éxito que se puede tener en la vida es estar lleno de riqueza en valores personales y bondad y corazón.** Y que todo lo demás, lo tangible, lo material, llegará siempre a través de esos mismos valores. Que lo material no es lo más importante y que el amor a nuestros seres queridos y personas en general es lo más valioso que existe en la vida.

A través de este libro vosotros los padres seréis los primeros que debéis interiorizar en la personalidad de vuestro hijo la integridad como persona para que conozcan que la verdadera sabiduría se encuentra en su interior y así potenciar la confianza en ellos mismos para vivir la vida sin miedos.

He decidido escribir este libro porque estos son los niños que necesita la humanidad para su crecimiento. Vivimos una época confusa y muy preocupante en el ámbito de los menores y su educación. Vemos a diario jóvenes realmente perdidos en la vida, sin expectativas y abocados al fracaso más cruel. Por desgracia existen padres que arrastran sus propias frustraciones y las están transmitiendo a sus vástagos. El niño en su crecimiento es la persona más inocente del mundo y nunca tendrá culpa de recibir la peor de las bases posibles para su desarrollo, cosa que irremediablemente deberá arrastrar como un lastre toda su vida mientras reconduce su propia personalidad y carácter.

Debido a la mala educación establecida por los padres de este perfil, hoy encontramos auténticos maltratadores emocionales y físicos de sus propios padres o familiares en niños desde muy temprana edad. Menores indisciplinados, problemáticos o totalmente pasivos ante las circunstancias de su vida o deberes cotidianos como son estudiar, ir al instituto o comportarse adecuadamente en la sociedad.

Necesitamos niños seguros, sanos, empáticos con los demás y creativos.

Tú que eres el padre o la madre te digo: ahora que has alcanzado la difícil condición de ser padre, debes saber que te encuentras ante el mayor propósito de tu vida, ahora eres padre, guía y maestro de la persona más importante de tu vida, tienes una gran responsabilidad por delante, la mayor de todas en tu vida y es hora de afrontarla tal y como eres; valiente, predispuesto y con la mejor de las intenciones y emociones posibles. **Es hora de educar a tus hijos desde el amor para que sean personas bondadosas y de buen corazón.**

TÚ ERES SU ESPEJO Y LA PRIMERA PERSONA EN QUIÉN SE FIJARÁ E IMITARÁ.

Así es, lo primero que aprenderá tu hijo será algo que tenga que ver contigo, con tu persona. Como sabes, uno de los modos que utilizan los niños para aprender es por **imitación** y... ¿Quiénes son las personas que más va a imitar el niños desde su nacimiento?. Efectivamente sois vosotros, los padres.

Para el niño sois su espejo y tratará de imitar comportamientos, reacciones, expresiones, maneras de hacer las cosas, actitudes, etc...

La relación con los hijos se crea día a día y cada niño que viene a este mundo lo hace para encontrar su propio camino personal que no tiene porque estar relacionado obligatoriamente con el de sus propios padres o tutores. Los padres deben ser acompañantes de sus hijos durante la creación de su propio camino individual. **La responsabilidad de los padres es intentar comprender a sus hijos, conocerlos y ofrecerles todas las herramientas posibles que ellos conozcan y que sean útiles para su crecimiento y desarrollo interpersonal.**

Nuestro auténtico objetivo como padres es establecer con nuestros hijos una relación sana. Por lo tanto y siempre que se inicie una discusión, enfrentamiento o intercambio de opiniones entre padres e hijos, deben ser los primeros los que inicien el proceso de conversación constructiva y positiva hacia la comunicación adecuada entre ambos. Pues cada vez que ocurran este tipo de situaciones o circunstancias, nosotros los padres debemos entender que tenemos ante nosotros una **gran oportunidad para enseñar, educar o establecer pautas correctas para un reforzamiento positivo tanto en la personalidad de nuestro hijo como en la propia relación padre-hijo** para un mejor vínculo entre ambos. La forma adecuada para enfrentarnos a una discusión o problema con nuestros hijos siempre será desde **el amor**. Desde esta energía y no desde la imposición conseguirás los mejores resultados para que tu hijo aprenda o acepte que la energía correcta para resolver todos los problemas y situaciones de la vida es el amor.

Nuestros hijos necesitan desde muy temprana edad que les demos nuestra total confianza, así ellos crecerán seguros de sí mismos y construirán una personalidad invencible y confiada. Como padres, **nuestro mayor regalo hacia ellos es darles la posibilidad de que se desarrollen ante la vida siendo cien por cien ellos mismos y no lo que nosotros queremos que sean.** Cuando se equivoquen permíteles que lo hagan y que sean ellos mismos los que resuelvan y aprendan la lección de su error. Sigue dándoles amor a pesar de su error y en breve habrán superado esa circunstancia para seguir creciendo como personas de bien hacia su desarrollo más elevado en alma y espíritu.

Un niño, desde muy corta edad "huele" la desconfianza que podamos tener hacia él o hacia alguna acción que quiera o pretenda realizar. Y a veces más que desconfianza lo que estamos haciendo los mayores es proteger nuestro propio ego ante el suyo, demostrándoles que somos superiores de alguna manera a ellos, ya sea por edad, por conocimientos o por experiencia, y eso lo que produce en el niño es frustración e inseguridad, por lo que debemos aplacar nuestro ego cuando estemos en la difícil labor de educar a nuestros descendientes y entender que **nos disponemos a enseñar de igual a igual, de alma más experimentada a alma por desarrollarse y crecer** pero que no por ese motivo es de ninguna manera inferior a la nuestra. Toda alma que se encuentra conviviendo en la vida física es igual de grande y sabia que las demás, solo que necesita experimentar, superar lecciones y aprender para elevar su espíritu hacia la luz más brillante.

El niño al igual que los padres pone a prueba su "poder", su propio ego. Y es entonces cuando se enfrenta al ego de los padres para desencadenar en el siempre perjudicial enfrentamiento de egos, por lo que deben ser los padres los que enseñen a sus hijos a través de su propia demostración y ejemplo a aplacar el ego para hacer brotar la energía del amor y avanzar así hacia un punto de entendimiento o reconciliación en la relación entre padres e hijos.

Por ejemplo en una discusión donde tu hijo o hija realiza un gesto feo o inapropiado como alzar la voz, decir una palabra inadecuada, etc..., es el momento de no entrar al trapo y dar un paso hacia delante en pro del amor. Es decir, establecer una nueva comunicación con nuestro hijo para hacerle entender que lo que acaba de hacer o decir no es lo adecuado y que esa acción a quien más perjudica es a él mismo. Que se deben de dialogar las opiniones y que siempre se puede llegar a un principio de consenso a través de las buenas intenciones y sentimientos. No se trata de ser permisivos o poco autoritarios, se trata de establecer **reglas no escritas enfocadas en hacer lo mejor posible las cosas a la hora de resolver pequeños conflictos en las relaciones**, cosa que por otro lado son normales y necesarias en el crecimiento de todas las personas.

Para tu hijo tú eres su ejemplo por lo que debes esforzarte aún más si cabe en ser tu mejor versión y en tratar de mejorar tus puntos débiles en tu personalidad pues todos sabemos que aspectos son los que debemos mejorar y afianzar en lo más profundo de nuestro ser. Comienza cada día con la mejor predisposición posible porque ese día es otra nueva oportunidad para servir de ejemplo a tus hijos. Ellos no van a estar toda la vida fijándose en ti para crear su base personal porque llegará un momento en que se independicen y será hora de poner en marcha de forma inconsciente lo aprendido de sus padres en su etapa transcurrida en el "nido familiar". Ese día llegará tarde o temprano y no quiero que te sorprenda ese momento sin haber dado lo mejor de ti como padre cada día. Por lo que debes mentalizarte y disponerte a ser la mejor persona posible ante el mundo y por consiguiente ante tus hijos. Tu eres su referente y de ti depende que sus cimientos emocionales y sentimentales así como sus valores personales estén bien asentados y firmes a prueba de derrumbes antes la experiencia vital.

EDUCA A TU HIJO DESDE EL AMOR. ENTRENA SU CEREBRO PARA PENSAR EN POSITIVO Y POTENCIA SU OPTIMISMO E INTELIGENCIA EMOCIONAL.

Educar a tu hijo desde el amor es **saber escucharlo cuando lo necesite. Es compartir con él toda tu energía amorosa interior, pedirle opinión y dejarlo expresarse cuando sea necesario. Es ver sus cualidades y reforzarlas, así como analizar sus puntos débiles para trabajarlos de forma constructiva.**

El ego personal es el desamor en esencia por lo que debemos educar a nuestros hijos eliminando nuestro propio ego y dando salida a nuestra energía amorosa universal.

Educar a nuestros hijos desde el amor es igual a **no juzgarlos por sus errores y en vez de eso ayudarles a superarlos, es respetar sus propias inquietudes e intereses o gustos personales aunque no sean igual a los nuestros o los que nos gustaría que tuvieran.**

Uno de los grandes errores que cometen los padres con sus hijos es creer que les pertenecen.

Tu hijo es una persona que necesita desarrollarse individualmente y tomar sus propias decisiones, asumir sus consecuencias y afrontar su propia vida. Ese es el mayor regalo que puedes hacer a tu hijo, darle la libertad que merece y ayudarle a ser él mismo en todo momento. Eso es lo que todos hubiéramos querido obtener de nuestros padres.

Por lo tanto, si yo como padre no quiero que mi hijo mienta y lo que deseo es que sea una persona honrada, amable y comprensiva con las demás, debo analizar mi propia existencia y reconducirla si es necesario o mantenerla en esa línea si es la adecuada.

La felicidad de la vida se encuentra en la coherencia y el amor.

La mejor manera de enseñar es siendo ejemplo y actuando en consecuencia. Esas lecciones no tienen discusión alguna por nadie ni nada.

Se puede enseñar disciplina sin dejar de ser amorosos, es un bonito reto y está a nuestro alcance, ¡vamos a por él!

Hay que poner límites a nuestros hijos pero debemos hacerlo fuera del enfado, la frustración o la recriminación y si desde el amor entando en paz interior con uno mismo.

Nunca hagas afirmaciones tan erróneas y frustrantes para un joven como pueden ser: "eres mentiroso o no puedo confiar en ti", porque el niño estará interiorizando esas potentes frases y creyendo que en realidad él es así. Por lo que estará manifestando una creencia errónea de él mismo inculcada por la inadecuada afirmación que acabamos de hacer. Para una personalidad tan débil como la de un niño es fácil hacerlo pensar que es de una forma u otra y eso puede ser terriblemente peligroso para el desarrollo de su personalidad y confianza interior.

Existen otras formas de interrelación y comunicación con nuestro hijo como por ejemplo la expresión: "se hace como yo diga y se acabó, para eso soy tu padre". Aunque en realidad estés tratando de enseñar algo bueno, esa no es la explicación acertada para nuestro hijo ya que lo considerará como un acto autoritario injusto. Ante esa expresión imperativa no hay espacio a la réplica o argumentación suficiente y necesaria para que el menor acabe comprendiendo porqué se hace así eso que acaba de decir su padre o madre. **Lo importante es no anular al niño, sino darle la oportunidad de que se exprese y entienda todos los puntos de vista desde un diálogo y una comunicación acertada y constructiva.**

ENTRENA SU CEREBRO PARA PENSAR EN POSITIVO Y POTENCIA SU OPTIMISMO E INTELIGENCIA EMOCIONAL.

Para ayudar a nuestro hijo a que vaya tejiendo una red en su cerebro que tienda a la positivad y el optimismo, debemos recordar nuestro propio ejemplo de cómo lo hemos ido haciendo a la hora de convertirnos en personas inteligentes emocionalmente y centradas más en el optimismo que en la negatividad. Para comprender al niño antes debemos analizar si su tendencia a ser negativo se produce de una forma constante o si sucede solo cuando alguna tarea en concreto no se le da bien o no le gusta demasiado. Si es en el segundo caso, cosa que es lo más habitual entre los niños, debemos ayudarles y darles buenas soluciones para que consigan terminar esa tarea siendo ellos mismos los que logren superarla. Eso creará en ellos una gran confianza y por lo tanto, un subidón de autoestima. **Debemos programarles tareas que sepamos que pueden superar y no elevar el nivel de exigencia demasiado alto, ya que podrían sentirse frustrados rápidamente.** Analiza las cosas que se le dan bien a tu hijo y proponle realizarlas.

Y por supuesto premiarle positivamente una vez resueltas y valorar su esfuerzo.

El refuerzo positivo es el camino adecuado para cualquier tipo de aprendizaje en la vida y da igual la edad de la persona que lo recibe. Esto es algo que se olvida a todos los niveles (empresa, entorno familiar, amistad, etc...).

Es importante que el niño vaya aceptándose tal y como es. Debemos de ir haciéndole entender que puede ser bueno en algunas cosas y que quizás en otras no tanto y por eso no sucede absolutamente nada. Todas las personas tienen habilidades en determinadas cosas y en otras algo menos.

Si el niño juega bien al fútbol y además le gusta pues perfecto pero si no lo hace tan bien al fútbol y en cambio practica de maravilla el atletismo o la natación, debemos de dialogar con él para que entienda lo que sucede y por supuesto valorar su esfuerzo diario por querer mejorar y aprender la disciplina que le interese o le guste. Una vez más cabe recordar que los niños copian comportamientos de los padres, por lo tanto **un padre que ante la adversidad solo sepa quejarse o ponerse furioso, serán un espejo para su hijo**, así que debemos servirles de ejemplo demostrando capacidad de superación ante cualquier adversidad y por supuesto **confianza, prudencia y serenidad ante lo adverso.**

El ser optimista también se aprende y se adquiere como un valor más al igual que ser perseverante o confiado.

EJERCICIOS PRÁCTICOS Y COTIDIANOS PARA QUE TU HIJO ADQUIERA EL VALOR DEL OPTIMISMO.

- **El buen humor es fundamental.** Juega y ríete con él. Hazle reír, haz que se divierta aprendiendo, gástale bromas, divierte junto a él. **El buen humor aumenta nuestro autoestima muchísimo y a cualquier edad, está demostrado.**

- **Enséñalo a ser agradecido.** Es importante que adquiera el hábito de dar las gracias por las cosas que reciba, tanto materiales como inmateriales (un buen consejo, unas palabras de ánimo, etc...).
- **Demuestra a tu hijo que lo quieres.** Con palabras pero también con gestos, sonrisas, abrazos, complicidad, etc... **Cuando un niño se siente querido, se vuelve alegre y feliz.**
- **Ayúdalo en la adversidad.** En ese momento es muy importante tu apoyo hacia él. Comunícate con él y hazle entender que a veces surgirán problemas o situaciones complicadas que tendrá que resolver pero sin frustrarse a través del aprendizaje, las diferentes pruebas y errores o gracias a su propia inteligencia emocional e intelectual.

CUANDO UN NIÑO SE VUELVE OPTIMISTA:

Se vuelve más seguro de sí mismo, controla su propia capacidad hacia determinados retos, abandona la pasividad, gana en paciencia a la hora de resolver situaciones y tendrá menos posibilidades de sufrir ansiedad o depresión en el futuro. Será una persona más tranquila y creativa para la vida.

RASGOS DE UN NIÑO TENDENTE A LA NEGATIVIDAD.

- Darse por vencido rápido cuando las cosas se complican en lo que se encuentre realizando.
- Culpar a los demás de su propia responsabilidad.
- Permanecen demasiado rato en un estado de tristeza del que no logran salir.

Lógicamente si el niño tiene unos padres tendentes a la negatividad, eso mismo manifestará el pequeño. Así que si es tu caso, **comienza desde tu interior a cambiar esa tendencia perjudicial y hazlo por ti y por tu hijo,** creo que son dos razones de gran peso para hacerlo, ¿verdad?

Cuando el niño adopte una actitud negativa no te enfades con él. Utiliza la empatía y dialoga, comunícate con tu hijo para llegar a una conclusión positiva y constructiva. Será una gran lección que aprenderá de forma inconsciente y se quedará en su interior.

RASGOS DE PADRES POSITIVOS PARA SERVIR DE EJEMPLO A SUS HIJOS.

- Padres vitales, activos, emprendedores y con ganas de disfrutar cada día al máximo.
- Padres realistas y objetivos. Así inculcarán a sus hijos la capacidad de superación y la distancia real entre cada meta que se dispongan a conseguir.
- Padres equilibrados emocionalmente. De ellos sus hijos aprenderán a controlar el nerviosismo, a ser menos impulsivos, la ansiedad, la frustración, etc...
- Padres de mentalidad abierta a nuevas ideas, pensamientos, consejos, creencias, etc...

Estos son rasgos que debemos interiorizar nosotros los mayores y trabajarlos antes de pretender inculcarlos a nuestros hijos. Con estos rasgos tu hijo estará capacitado para su propia superación personal en un futuro próximo.

Enséñale buenos hábitos y rutinas desde pequeño. (Alimentación, deporte, obligaciones y tiempo de ocio).

Los buenos hábitos adquiridos desde temprana edad son una garantía de éxito en la educación de tu hijo para el futuro. Que desde pequeños empiecen a conocer y diferenciar la **alimentación saludable** de la que no lo es, es un gran avance para su salud física futura. Si, es un niño y por supuesto que tiene que comer chucherías, dulces y gominolas pero es importante que vaya aprendiendo a comer saludable desde el principio y en eso serán los padres los que deberán ir acostumbrando a través de las comidas diarias al menor.

Podemos premiarlo con su dulce favorito o bolsa de gusanitos cuando haya realizado sus comidas más importantes de forma correcta, eso le hará feliz y a la vez conseguiremos que aprenda los hábitos de la buena alimentación desde pequeño.

Resulta increíble ver como hay niños con sobrepeso por las calles con tan poca edad. Es una gran temeridad por parte de los padres, además de una irresponsabilidad muy grande ya que están enseñando a una persona que aún no está formada a descuidar su propia salud desde pequeño. Por lo que cuando sean mayores no verán en estos hábitos nada perjudicial o negativo.

Los padres que viven en un profundo descuido físico y tienen hijos que siguen sus pasos desde muy pequeños están dando a sus hijos el fiel reflejo de lo que ellos hacen con su vida y es un gran problema para toda la población y la sociedad en general.

El niño debe ser **activo físicamente** desde el principio y para eso debemos hacerle trabajar su estado físico. Primeramente a través de juegos con él en el parque, en la casa o en la calle. Y cuando cumpla algún año más lo iniciaremos en las actividades físicas que más le llamen la atención y le gusten.

Que nuestro hijo se centre en algún tipo de deporte es lo mejor que le puede ocurrir. Entrar en una disciplina y actividad deportiva es evitar malos hábitos, vicios y relaciones con otros niños centrados en drogas, alcohol u otros vicios perjudiciales.

Gracias al deporte conocerá nuevos amigos deportistas con los mismos intereses que él, cosa que será motivador para el menor.

Tener padres activos físicamente es fundamental para el niño. Realizar actividades al aire libre como senderismo, caminatas por la playa, partidillos de fútbol, baloncesto, tenis, etc…salir a correr con ellos, en bici o a pasear, siempre será una gran idea.

Desde temprana edad el niño tiene que entender que en la vida existe el tiempo para las obligaciones y el tiempo para el ocio y que las dos tareas son importantes para su crecimiento.

Hoy en día podemos observar a padres que tienen a sus hijos realmente estresados con tanta actividad extraescolar, tareas, deberes, clases, etc…Esto no es bueno para el menor ya que en el intento de los padres de híper formar a sus hijos desde tan corta edad, lo único que están consiguiendo es que el niño no disfrute la etapa en la que se encuentra, que debe de ser más ociosa y no con tanta responsabilidad y seriedad en sus tareas, ya llegarán las responsabilidades y obligaciones pero ahora es momento de disfrutar y reír. Con este tipo de padres tenemos hijos frustrados a corta edad ya que no consiguen dar abasto con sus obligaciones, llegando a caer incluso en pequeñas depresiones o estados de ansiedad.

El niño es niño y debe mantener un equilibrio sano entre las obligaciones de su edad y el tiempo de disfrute y ocio. Si toca jugar y salir a la calle, esto mismo es lo que debe de hacer y poco a poco ir descubriendo en él sus verdaderos intereses a la hora de elegir actividades extraescolares o clases formativas.

Debemos mantener una armonía entre sus obligaciones diarias y su tiempo de esparcimiento. El niño tienen que comprender que una vez terminada su tarea es tiempo de disfrute y que se pueden compaginar ambas actividades de forma adecuada.

Muchas de las frustraciones que aparecen en nuestros hijos vienen de las propias creencias de los padres. **Debemos de asimilar que nuestros hijos no tienen las mismas creencias que tenemos nosotros**. Si para nosotros bañarse es limpiar nuestro cuerpo, para un niño bañarse quizás sea jugar con el agua, o si por ejemplo para nosotros jugar a un determinado juego es seguir las reglas establecidas en ese juego, para el niño quizás solo sea jugar y nada más. Po eso, lo que debemos hacer es aplacar nuestra propia frustración cuando el niño no realice del todo las actividades como nosotros las tenemos establecidas a través de nuestras propias creencias adquiridas con los años.

Recuerda esto: **Cuando tu hijo es cariñoso, violento, mal educado en su forma de expresarse, impulsivo, ansioso o amable y tranquilo, es porque tú has hecho que sea de esa manera, mírate a ti mismo y ¡cambia!, tus hijos son un fiel reflejo de ti mismo.**

HÁBITOS SALUDABLES PARA INCULCAR A TU HIJO

- **Rutina diaria.** Establecer horarios más o menos regulares para todas sus rutinas (comidas, deberes, ocio y tiempo libre, etc...) Esto hará que empiecen a entender que un buen orden y una buena gestión del tiempo es importante para su vida. Cuando son muy pequeños, un horario regular en las comidas, baños y descansos, les hace establecerse en el tiempo y el espacio para sentirse más cómodos y seguros.
- **Comida saludable**. Acostúmbralo a comer pescado, verduras y ensaladas junto con sus comidas favoritas. Incúlcale la costumbre de un buen desayuno al despertar. Dile que es la comida más importante del día y hay que hacerla adecuadamente para su salud.
- **Nada de actividades sedentarias** como ver mucho rato la televisión o estar en el ordenador, videojuegos, etc... La actividad física, como ya hemos dicho, es importantísima tanto para su salud física como mental. **Un niño activo físicamente será un niño más sereno y calmado** en los intervalos de descanso después de la actividad física.

- **Higiene diaria.** Enséñales a lavarse las manos antes de comer. Al igual que los dientes se lavan una vez que han comido. Estaremos evitando gran cantidad de enfermedades para el menor.
- **Actividades culturales** como el fomento de la lectura establecen a su vez un gran vínculo con los padres. Acostumbrar a tu hijo a leer un rato antes de dormir o en varios momentos del día, harán que adquiera este sanísimo hábito para su inteligencia y agilidad mental.
- **Jugar**. Los niños cumplen etapas al igual que tu y que yo y nunca más volverán a ser niños así que deja que se diviertan, que jueguen y que se caigan, ya se levantarán de nuevo para continuar jugando. Permíteles su tiempo de juego diario y deja que disfruten.
- **El tiempo de descanso** es igual de importante. Deben tener sus horas de sueño y su momento adecuado para ir a dormir y descansar.
- **Enséñale a que sea cuidadoso y ordenado** con las cosas de la casa. Debe jugar pero también debe saber volver a ordenar su habitación y dejarla de forma correcta.
- **Incúlcale respeto** por los demás, por sus amigos, profesores, demás padres, por el medio ambiente y la naturaleza y por los animales. Pero una vez más diremos que si los padres no han adquirido estos valores, será tarea imposible enseñárselos a sus hijos.
- **Trabaja su inteligencia emocional**. El niño debe saber expresarse y manifestar como se siente, que necesita o que lo frustra. Para ello debemos tener mucha comunicación con ellos y conocer sus inquietudes y preocupaciones, sus limitaciones y sus deseos o anhelos.

Genérale confianza y haz que se sienta seguro. Ayúdale a crear una personalidad segura.

Para aportar seguridad y confianza a nuestros hijos, la mejor manera que existe es mediante la comunicación y el diálogo constante para crear un buen vínculo con él y sus inquietudes, problemas, limitaciones, etc...

Cuando nuestro hijo encuentra en nosotros un apoyo donde expresarse, manifestar sus sentimientos y poder explicar sus emociones, será cuando podamos transmitirles toda nuestra confianza y hacerle sentirse seguro de sí mismo y predispuesto a intentar objetivos y logros personales.

En la edad de crecimiento los niños aún son muy sensibles a cualquier afirmación que hagamos los mayores sobre su persona. Por lo que debemos de eliminar juicios, críticas o sentencias sobre algún error cometido por el menor o hecho con el que no estemos de acuerdo con él.

El niño debe crear su propio camino a nivel de inquietudes, gustos y actividades a realizar. Debemos ser sensibles a lo que nos quiere transmitir y no forzarlo a realizar actividades por el mero hecho de que a nosotros nos parezca que podrían llegar a gustarle porque quizás estemos siendo egoístas a la hora de tomar determinadas decisiones que corresponden al menor y que puede que sea a nosotros a quién realmente nos gustaría ver realizar dichas actividades a nuestro hijo y no que sea nuestro hijo quien decida por su propia opinión personal y gusto realizarla.

Los padres deben mostrar interés por su entorno, sus inquietudes, sus intereses y dialogar de ellos con los hijos. Gracias a esto se puede recabar información de gran utilidad a la hora de conocer mejor a nuestros hijos y por donde comienza a enfocar su camino personal.

FORMAS ADECUADAS DE TRANSMITIR SEGURIDAD A NUESTROS HIJOS

Delega en él pequeñas responsabilidades o tareas cotidianas. Dependiendo de su edad podemos empezar a delegar cualquier pequeña tarea en la casa como pueda ser ayudar a quitar la mesa, recoger sus juguetes, comer solo, etc... Esto generará en el pequeño gran confianza y elevará su autoestima. Conforme vaya cumpliendo años, lógicamente las tareas serán de mayor responsabilidad como el cuidado de sus mascotas, el ahorro de su propio dinero, etc...

Evitar la sobreprotección. Es muy negativa para el niño y con ella estarás predisponiéndolo para su propia inseguridad cuando llegue el irremediable momento de "salir a volar". **No sobreprotejas a tu hijo por querer aplacar tus propios miedos a que le ocurra algo.** Él necesita de ti y de tus consejos como padre o madre con más experiencia en la vida que él pero debes mantener el margen adecuado para que experimente por él mismo y se equivoque o acierte. Debe crear su propia vida y en ella debemos apoyarlo pero no interferir en su camino hacia su propia experiencia vital. **Con**

la sobreprotección estamos lanzándole el mensaje "tu solo no puedes, tengo que protegerte".

El fracaso es igual que el éxito. Son simplemente posibilidades y debemos dialogar sanamente con nuestro hijo sobre las distintas probabilidades que existen en la vida. Por fracasar un día en algo no ocurre nada, es más el fracaso no existe, lo que existe en el error y el acierto. En la sociedad actual se sigue machacando a las personas por sus errores, tachándolas de fracasadas pero para eso estamos nosotros y nuestra experiencia personal. Para poder transmitir a nuestros hijos que **no ocurre absolutamente nada cuando algo no sale como nos gustaría porque siempre tendremos más oportunidades para mejorar y conseguir o lograr cualquier cosa que deseemos. La vida es eso en esencia, una concatenación de éxitos y fracasos, errores y aciertos. Así será siempre y debemos aceptarla como tal.**

Transmitir seguridad y amor. No hay mayor seguridad para un niño que sentirse querido por sus padres y familiares cercanos. Nos toca demostrárselo de la mejor manera que conocemos para él. Mediante abrazos, besos, gestos, miradas, cariño, caricias, etc... Todos los niños lo necesitan y será su base para ser personas de amor hacia ellos mismos y hacia los demás. Es bueno y necesario que vea muestras de amor entre sus padres. Eso le hará sentirse bien y tranquilo. Debemos desterrar para siempre en la convivencia con nuestros hijos expresiones tan negativas y perjudiciales para ellos como "si no haces esto dejaré de quererte" o " ya no te quiero". Un comentario que puede parecer inofensivo para nosotros para él puede suponer un verdadero trauma, ya que ellos están formando sus emociones y sentimientos y pueden considerar esa opción como real. Así que eliminemos para siempre esas estúpidas afirmaciones de nuestro vocabulario con nuestros hijos.

Un padre seguro, tranquilo y confiado transmite eso mismo a sus hijos, por lo tanto es importantísimo que los padres aprendan a confiar en sus propios criterios a la hora de educar a sus hijos y que se muestren seguros. Si los padres tienen claro cuáles son los valores adecuados para transmitir a sus hijos y cómo hacerlo, los hijos sentirán esa seguridad y podrán aprender de ella tanto de forma inconsciente como consciente. Los niños necesitan ganar confianza en sí mismos desde muy temprana edad para ir construyendo una base sólida de seguridad plena en ellos mismos para el futuro cercano.

Y por supuesto la mejor técnica que existe es la del **refuerzo positivo** y el reconocimiento cuando el niño se esfuerce en conseguir alcanzar sus pequeños logros o realice sus tareas y obligaciones de forma correcta, desterrando para siempre en el vocabulario de los padres frases del tipo "eres un inútil, sabía que no eras capaz de lograrlo, tu hermano a tu edad lo hacía mejor que tú, etc…"

El hecho de darle demasiadas instrucciones o incluso peor, hacer las cosas por él y no dejar que las haga él mismo son gravísimos errores a la hora de generar confianza en nuestro pequeño. **El niño tiene que tomar sus propias decisiones para equivocarse y acertar por él mismo**, esta es una gran forma de aprendizaje para fabricar **confianza**.

MÁS INSTRUCCIONES PARA GENERAR CONFIANZA EN LOS NIÑOS

- **Dale todo el amor que puedas y más**. La mejor forma de hacerlo es **aceptándolo tal y como es**, con sus limitaciones, grandezas, errores y aciertos.
- **Obsérvalo y préstale la atención correcta.** Escucha a tu hijo de verdad, evadiéndote de todos los problemas para que él sienta que es escuchado y atendido. Así se sentirá valioso e importante para ti.
- **Establece límites.** El niño debe obedecer ciertas reglas para ir ganando en disciplina personal. Por ejemplo la hora de comer, recoger sus cosas cuando acabe, etc...
- **Predispón a tu hijo para que asuma ciertas incomodidades saludables de vez en cuando.** Por ejemplo conocer a un niño nuevo, comer algo diferente, practicar una actividad nueva, etc...
- **No compares.** Cuida tus comparaciones cuando hables con tu hijo y descarta frases como "tu hermana hacía eso mejor", "tú eres mejor que esos", etc...
- **Motiva a tu hijo de vez en cuando y sobre todo ante sus propias dificultades o adversidades.** Habrá momentos en que las cosas no le salgan como a él le gustaría, esos momentos son los que debemos valorar su esfuerzo y seguir animándolo a que mantenga esa motivación y constancia. Nuestro apoyo es importantísimo para sus progresos pero sin entrar en la alabanza sin medida y haga lo que haga.

AYÚDALE A ELIMINAR EL MIEDO Y EL ESTRÉS. ELIMINA SUS COMPLEJOS.

Todos hemos sido niños y sabemos la cantidad de miedos con los que tuvimos que lidiar de pequeños. Creencias transmitidas por nuestros propios padres o limitaciones y afirmaciones erróneas y dañinas. Estos miedos generan en los pequeños los primeros síntomas de estrés en su vida y por consiguiente las bajadas de autoestima en su estados de ánimo. Los niños igualmente generan gran cantidad de complejos cuando no pueden hacer algo como lo hacen otros o cuando son castigados o sentenciados verbalmente y de forma incorrecta por sus propios padres.

Todos somos genios. Pero si juzgas a un pez por su habilidad de trepar un árbol, vivirá toda su vida creyendo que es estúpido", Albert Einstein.

Es cierto y debemos ser realista que no todos somos capaces de todo y mucho menos con el mismo grado de éxito. Pero **todos sin excepción podemos hacer algo de forma extraordinaria,** tanto en el deporte como en el trabajo o en la vida cotidiana, se trata de averiguar lo que es. Infinidad de veces lo tenemos delante de nuestros ojos y no lo vemos.

Normalmente suele ser algo que hacemos a diario y que no valoramos lo suficiente porque lo vemos como algo normal. Ese algo siempre estará relacionado con lo que nos gusta o nos apasiona en la vida y tu hijo también es capaz de hacer cosas extraordinarias.

Muchos niños se sienten raros y acomplejados porque no son lo suficientemente buenos jugando a un determinado juego o deporte. Normalmente en la sociedad están aceptados determinados deportes como los más populares o otros casi desahuciados. En el patio del colegio se juega al fútbol y no hacerlo es una forma de aislarte y señalarte. La popularidad de los niños en primaria se basa en gran parte en los roles y en las habilidades que entre ellos se valoran. Puedes ser un genio en matemáticas que como no tengas un buen toque de balón no eres nada y como imaginas, esto es otra "verdad" inculcada socialmente y totalmente errónea y falsa.

La educación de padres, maestros y otras fuentes de influencia como entrenadores debe encaminarse a que aprendan que el valor de cada uno está en todos sus talentos y genialidades personales y no en lo que haga la mayoría es lo mejor y lo que hagan unos pocos lo menos valorado. Los niños tienen que aprender a través de nosotros los mayores que saber jugar al fútbol es igual de bueno y valorable que hacerlo al tenis o al atletismo. Que Messi solo hay uno y que hay muchos otros que hacen su labor tanto o más que el más habilidoso y son igualmente valorados.

Todos los niños son brillantes en un área o en otra. Solo tenemos que darles espacio, tiempo y tener paciencia. Y resaltar en que son buenos. Generarles confianza para que se sientan seguros. Y sobre todo apoyarles en las áreas en las que flaquean para hacerles ver que el valor de alguien no está solo en su facilidad para jugar a fútbol y que todos somos valiosos por un motivo u otro.

Para ello y como modelos de conducta que somos nosotros los padres, tenemos que:

Ser respetuosos con los errores de los demás. En lugar de gritarle al televisor "pero qué malo eres, para jugar así mejor te quedas en tu casa" mientras vemos un partido, hablemos a nuestros hijos de que todos podemos equivocarnos y que lo importante es valorar el esfuerzo que hacen las personas para superarse.

Decirles que no necesitan jugar bien para divertirse. Muchos niños se apartan de sus amigos en el recreo por miedo al ridículo, a ser criticados y humillados. Entrenémosles en habilidades sociales y que tengan una respuesta del tipo "es cierto, no soy Cristiano pero me gusta jugar con vosotros, es divertido". **Los niños no pueden depender de hacerlo todo bien para ser felices. Deben ser felices a pesar de sus errores y de su falta de habilidad en según qué actividades.**

Enseñarles a ser generosos con aquellos que no destacan en lo que ellos sí lo hacen. Nuestros hijos no tienen que presumir ni de ser grandes futbolistas ni de tener unas notazas. **Solo tienen que ofrecerse a ayudar a quien no sea tan brillante como ellos.** El talento debería darles seguridad para ofrecer ayuda a quien la necesite.

En esta sociedad seríamos mejores personas si cada uno de nosotros ayudara en algo tan simple como ofrecer lo que a ti se te da bien.

Grábate esto en tu mente: **"El talento de tu hijo está en lo que le apasiona"**

No podemos pedirles a todos los niños lo mismo. No son borregos. Queremos que hagan lo mismo y con el mismo nivel de éxito. **No estés pendiente de lo que te gustaría que hiciera tu hijo sino de cuáles son sus pasiones, de lo que realiza con facilidad y en qué destaca y ¡poténciaselo!.** No te empeñes en que practique un deporte que no le atrae. Deja que elija en cuál se siente cómodo y hábil.

COMO ELIMINAR MIEDOS Y ESTRÉS EN TUS HIJOS

Mediante el descanso adecuado, la correcta alimentación y el diálogo íntimo con su hijo, estaremos predisponiéndolo para que se enfrente a sus miedos y al estrés con garantías suficientes. Las tres fuentes principales de estrés en un niño son: **la familia, la guardería y el colegio**. La primera fuente es la base principal para eliminar el estrés del niño y también puede ser la que lo genere en mayor medida debido a tensiones o disputas entre los padres o circunstancias adversas como el paro, nivel económico bajo, etc... La segunda fuente es la guardería pues el niño debe adaptarse a su nueva situación donde rigen normas distintas que debe aprender y convivir con los demás niños. La tercera y ya siendo algo mayor es el colegio, donde comienzan las tareas, obligaciones y deberes. La adecuada gestión del tiempo y la ayuda de los padres será fundamental para que el niño se adapte a su nueva vida de obligaciones, ya que el tiempo para el ocio comienza a disminuir.

Para atenuar el estrés podemos realizar hábitos diarios con nuestros hijos, tales como:

Empezar el día sin prisas y levantándonos con tiempo suficiente para no ir corriendo de un lado a otro. El niño se adaptará a esas costumbres sanas y beneficiosas para su salud mental. Aprenderá a ser más calmado y a realizar las tareas cotidianas sin nerviosismo.

Reservar un momento cada día para estar con nuestro hijo y salir a jugar, dialogar, llevarlo a su parque favorito, etc...**este tiempo será el mejor invertido del día y generará en nuestro hijo serenidad y calma.**

Costumbres en la intimidad familiar como el cuento antes de dormir, el desayuno de los fines de semana, la charla con papa, la excursión de los sábados, etc... producirá en nuestros hijos sensación de unidad familiar y por lo tanto atenuará mucho cualquier tipo de estrés emocional de los pequeños.

Fomentar con ellos las técnicas de relajación e incluso iniciarlos en las primeras meditaciones para niños. Se trata de ir inculcándoles formas y maneras para conseguir llegar a estado de tranquilidad. Hoy en día existen muchísimas técnicas para iniciar a los niños en la meditación guiada, cosa que me parece una gran idea para que comiencen cuanto antes a practicar la meditación.

PARA LOS MIEDOS

Debemos identificar de forma clara los **motivos reales** por el que siente miedo nuestro hijo. Y para eso debemos mantener un diálogo relajado y receptivo con él.

Explicarle que para enfrentarse a su miedo hay que hacerlo de forma gradual, poco a poco e ir avanzando hasta superar ese miedo pero nunca dejar de enfrentarse a él.

Ofrecer al niño la visión positiva del mundo. Para eso **nosotros los padres debemos de ser optimistas y positivos siempre y ante cualquier situación que aparezca en nuestra vida.** Seremos su ejemplo ante la gestión de cada circunstancia y la forma en que la enfrentamos. Hay que enseñarle a que nada debe ser lo suficientemente importante como para causarle gran preocupación y que todos los problemas vienen acompañados de soluciones que hay que saber encontrar y aplicar. **Ante los miedos el sentido del humor es la técnica más infalible para salir rápido de un momento de miedo puntual del niño.** Utiliza la risa y el humor y lo tendrás riendo en menos de una milésima de segundo.

COSAS QUE NO SE DEBEN HACER CUANDO EL NIÑO MANIFIESTA UN MIEDO

Ignorar el miedo. Si los padres ignoramos sus miedos no podemos ayudar. Frases del tipo "eso no te debe dar miedo, no te asustes por eso, etc…" no van aportar soluciones a los pequeños y se van a sentir incomprendidos ante sus miedos.

No reaccionar de forma exagerada ante su manifestación del miedo ni burlarnos de él. Esto puede aumentar su temor o crearle desconfianza. El niño puede acabar ocultando esos temores por miedo al ridículo.

No evitarle los objetos o hechos que le producen el miedo en concreto. Cualquier técnica para combatir miedos siempre partirá de enfrentarse a ellos y no evitarlos pero de una forma gradual y adecuada.

No mentirle para eliminar sus miedos. Es habitual en muchos padres inventar historias que nada tienen que ver con la realidad para mitigar los miedos de sus hijos pero debemos entender que el niño tarde o temprano sabrá la verdad de todo así que es más inteligente explicarle las cosas desde una perspectiva real pero siempre valorando cada edad y madurez del menor.

No transmitir nuestros propios miedos a nuestros hijos (tarea imprescindible y dificultosa de realizar). Una de las cosas más importantes para dejar o mejor dicho no dejar como legado a nuestros hijos en su sistema emocional es no transmitirle nuestros propios miedos no superados.

Debemos ser conscientes de cuales son y no exteriorizarlos o tratar de eliminarlos de nuestra personalidad para siempre. Le estaremos haciendo un gran favor para su crecimiento y desarrollo personal futuro.

NO CONSTRUYAS LA BURBUJA SOBRE PROTECTORA O SERÁ LA BASE DE SU FUTURO FRACASO.

Uno de los grandes perjuicios que se están causando a los niños de hoy en día es la **sobreprotección** por parte de los padres. Y esto no es más que el fiel reflejo de sus propios miedos focalizados en sus hijos. Algunos padres crean auténticas burbujas invisibles y protectoras hacia sus hijos, creando en los niños un estancamiento en sus propias habilidades a la hora de realizar tareas aumentando su propia pasividad y a la vez disminuyendo su seguridad y confianza, creyéndose incapaz de resolver por el mismo sus propias dificultades a las que deberá de enfrentarse tarde o temprano.

La sobreprotección vuelve a los niños débiles e inmaduros.

Podríamos decir que sobreproteger a un hijo es ir más allá de cubrir y satisfacer sus necesidades y cuidados básicos. Es pensar y decidir por el hijo, solucionar todos sus problemas. **Inculcar nuestros propios miedos a nuestros hijos es**

algo que se produce constantemente en la relación padres-hijos. Prohibirle hacer determinadas actividades por si le ocurre algo, expresarle constantemente los peligros del mundo, no dejarle hacer un deporte por si se lastima, etc...

Todas estas prohibiciones van a crear una persona miedosa ante la vida y en consecuencia, limitada e inmóvil. Pero es normal, si nos pasamos toda su infancia recordándole y nombrándole todos y cada uno de los posibles peligros que pueden encontrar en la vida por improbables que estos puedan ser, tendrán miedo de casi todo lo que vean a su alrededor.

Cuando surge en los niños sobreprotegidos algún inconveniente o problema lógico de la vida, su tolerancia hacia esa circunstancia adversa es limitante y débil, ya que sus padres se encargaron de que no tuvieran que enfrentarse a ningún peligro ni problema. Por lo tanto no tienen la habilidad mental y psicológica de enfrentarse a la situación con buena predisposición y alto autoestima. Lo más probable es que sus reacciones sean desde la ira e incluso la agresividad ya que no conocen las verdaderas y adecuadas herramientas mentales para superar las complicaciones.

No sobreproteger a tu hijo es el mayor regalo que puedes hacerle.

EFECTOS DE LA SOBREPROTECCIÓN EN LOS NIÑOS

- Timidez y dependencia.
- Carencia de habilidades sociales.
- Inseguridad y falta de confianza.
- No asume su propia responsabilidad ante sus actos.

- Altibajos emocionales.
- Miedos y fobias.
- Poca empatía hacia los demás y falta de iniciativa y creatividad personal.
- Tendencia al pesimismo y a la depresión.

EN VEZ DE SOBREPROTEGER HAY QUE:

1. Dejar que se enfrente a las dificultades y a los problemas para hallar la solución por ellos mismos.
2. Tratarles de acuerdo a su edad.
3. Darles oportunidades de relacionarse con otros y de pasar algún tiempo sin la presencia de los padres. Puede estar en casa de un amigo o bien que le cuide unas horas un familiar. Debe aprender a relacionarse con otros que tenga perspectivas distintas a las de los padres.
4. Ayudarles cuando lo necesiten pero no le solucionarle siempre los problemas. Debe aprender por sí mismo a buscar las soluciones o los apoyos necesarios.
5. No ahogarles con preguntas y un control estricto. Se le debe dejar un cierto margen, un espacio para su intimidad.
6. Tiene que haber unos límites claros en la casa. No se le debe dar todo lo que pida. Debe aprender que las cosas requieren un esfuerzo para conseguirlas.
7. Aceptar al niño tal y como es, con sus virtudes y con sus limitaciones.

Como consecuencia de la sobreprotección surgen casos como el niño o la niña que no se atreven a ir a la tienda situada a 200 metros de su casa para comprar el pan porque a sus padres les da miedo ya que nunca han salido solos a la calle o la niña de 13 años que tiene problemas para dormir si sus padres no están aunque se encuentre en una fiesta del pijama con sus amigas y se empeña en volver a casa con sus padres. Estos son solo un par de ejemplos de lo que está ocurriendo en la sociedad actualmente.

Y un día la burbuja estalla. Así que si crees que tus hijos están sobreprotegidos, comienza a:

- **Permitir al niño que explore su entorno** pero con supervisión. Lo ideal es que los padres lo acompañen en esa exploración para que pueda aprender con seguridad y se creen lazos más fuertes. De esta manera, se le brinda más confianza y se le permite interactuar con el mundo. Lo ideal es proteger, no sobreproteger. Y esto se logra confiando en su capacidad para relacionarse con otros.
- **Ayudar al niño para que investigue** y sobre todo, hablarle claro para que se relacione con los demás seguro de sí mismo y no se sienta relegado.
- **Impulsar su propia autonomía y autoconfianza** dándole su propio espacio a la investigación del mundo que le rodea.

ENSÉÑALE A RESPETAR A LOS DEMÁS DESDE PEQUEÑO. QUE NO APRENDA A DISCRIMINAR A NADIE POR SER DIFERENTE.

El respeto es uno de los valores más importante que podemos llegar a tener las personas. Es tarea de los padres transmitirles a sus hijos este importante valor. En la sociedad actual estamos hartos de observar discriminaciones de todo tipo, ya no solo por la raza o color de la piel si no por miles de comparaciones erróneas y falsas entre los seres humanos.

Se compara y discrimina por casi todo. La lista es interminable y crece cada día **debido a nuestra limitada conciencia colectiva y a nuestra propia infelicidad interior**. En las edades tan tempranas de los niños puede ser realmente cruel para ellos sentirse discriminados por otros niños de su edad, incluso llegando a crearse verdaderos traumas en los pequeños y no tan pequeños.

Debemos enseñarles a nuestros hijos el respeto hacia todas las personas, el no juzgar a nadie y no discriminar absolutamente a ninguna persona del planeta, sea de la condición que sea.

ENSEÑAR EL RESPETO A LOS NIÑOS.

Sobra decir que si los padres no conocen estos valores será imposible que lo puedan transmitir a sus hijos. El respeto es un valor esencial en las personas de bien y podemos empezar a inculcarlo a nuestros hijos así:

- **Siéndolo nosotros mismos.** El niño aprende por imitación y tú eres su espejo.
- **Explicándoles en qué consiste el respeto y demostrándoselo cada vez que nos crucemos con otras personas mediante el saludo,** el agradecimiento o el perdón cuando fuera necesario.
- **Fomentando la empatía** en los pequeños. Es importante que los niños sepan ponerse en el lugar de otros niños cuando surja cualquier contratiempo y entienda que deben ayudar porque ellos también les gustará recibir esa misma ayuda cuando la necesiten. Somos los padres los que debemos explicarles a los niños todo esto junto con sus consecuencias. Por lo tanto la comunicación con ellos es fundamental.

El respeto abarca todas las esferas de la vida empezando por el que nos debemos a nosotros mismos y a todos nuestros semejantes hasta el que le debemos al medio ambiente, a los seres vivos y a la naturaleza en general. Sin olvidar el respeto a las leyes y a las normas sociales. Hay que enseñarles a nuestros hijos a respetar todas esas esferas sin excepción, ya que el sentido del respeto debe ser íntegro y coherente en las personas.

Hay que inculcar a los más pequeños de la casa que todos somos iguales sin ningún tipo de distinción y que eso hay que respetarlo y asumirlo como algo normal. No mirando mal a nadie o retirándole la palabra por un motivo sin fundamento alguno. La generosidad hace referencia a la propensión de la intención de una persona de ser útil para otro. Así, la persona generosa es noble y bondadosa. Desde pequeño hay que enseñar a los niños a ser generosos y a compartir. Por ejemplo sus juguetes con otros niños. Así poco a poco se le inculcará este valor del que también hará uso en la vida adulta.

Ser respetuoso ayuda al niño a tener éxito en la vida. Si los niños no respetan a sus compañeros, a las figuras de autoridad o incluso a ellos mismos, será casi imposible para ellos tener éxito. Un niño respetuoso es cuidadoso con sus pertenencias y responsabilidades. Y consigue llevarse bien con sus compañeros.

Hay que tener claro que "educamos en el 90% por lo que hacemos y en el 10% por lo que decimos". **Los primeros que deben ser respetuosos son los padres** y al igual que el niño debe respetarlos, él también se merece un respeto por parte de ellos.

Al niño hay que enseñarle a respetar lo diverso. A comprender que la diversidad está en las distintas culturas y razas. Que si alguien es diferente es porque se educó en culturas diferentes pero como seres humanos somos iguales. Nos diferencian nuestros valores. Hay que enseñarlos a amar a sus compañeros, ya sean negros, chinos, blancos, árabes o indígenas. A respetar sus culturas y tradiciones.

NO ME VOY A CANSAR DE REPETIR ESTO EN EL LIBRO: **TU ERES SU ESPEJO.**

¿No quieres que los niños mientan? No mientas.

¿Estás en alerta roja por que tu niño está engordando? Limpia tu propia alimentación.

¿Tu hijo no puede controlar la ira y destruye cosas? Demuestra control sobre tus emociones y medita diario.

¿Tu hijo pasa mucho tiempo mirando pantallas? Apaga tus pantallas y hagan actividades de grupo/familia.

Los niños y los adolescentes no son tontos, por más que los subestimemos están en alerta y listos para aprender de nuestra conducta. Ellos se sienten seguros e inspirados por nuestras acciones. **Demuéstrales a diario lo que quieres ver en ellos como personas en la vida.**

ENSEÑA A TU HIJO A NO DISCRIMINAR

Desde que son muy pequeños debemos empezar a enseñarles a no discriminar a nadie. Ellos verán niños y personas blancas, negras, con el pelo rizado, liso, altos , bajos ,feos , guapos, etc... Es muy importante inculcar a nuestros hijos los valores de la igualdad. Todos somos iguales, ni mejores ni peores.

Es importante que cuando el niño ya tenga una edad suficiente para empezar a entender un poco más el mundo que le rodea, comencemos a explicarle que existen diferentes nacionalidades, razas y variedad de personas y creencias, pero todas y cada una de ellas son iguales ante la ley de la naturaleza, el universo y nuestra especie, la humana.

Es importante que los niños se mezclen y jueguen con otros de distintas razas o condiciones sociales. Así el pequeño verá la normalidad que debe existir y que en realidad existe entre todas las personas del planeta. Uno de los lugares más importantes sino el que más para erradicar la discriminación de cualquier tipo hacia otras personas **es el hogar**.

FORMAS PARA INICIAR A TUS HIJOS EN EL VALOR DE LA IGUALDAD

- **Sirviendo nuestro propio ejemplo como padres.**
- **Contándoles o proporcionándoles cuentos, libros e historias que hablen de otras culturas y su integración entre todas las existentes.**
- **Iniciando a nuestros hijos en el aprendizaje de otros idiomas.**
- **Llevándolos a jugar a centros y lugares donde haya niños de otros países, razas y culturas.**
- **Viajando con ellos por distintos países y culturas.**

Va a resultar realmente difícil enseñar a un niño a no discriminar si los padres lo hacen constantemente. Así que antes de empezar a educar a los pequeños debemos de ser críticos con nosotros mismos y preguntarnos interiormente si nosotros promulgamos y ejercemos la igualdad ante las razas, culturas y niveles sociales de cualquier tipo. Si no es así debemos de ser humildes, reconocerlo y comenzar a cambiar por el bien nuestro y de nuestros sucesores.

Se trata de dejar huella a través de nuestra propia vida. Una huella amable y buena. Que sirva de legado para otras personas y que aporte valores reales para el bien común. Quizás ese sea la verdadera razón por la que nos encontramos aquí.

DESCUBRE Y REFUERZA SUS PUNTOS FUERTES Y HABILIDADES.

Todos tenemos grandes fortalezas y habilidades a veces ocultas donde ni siquiera nosotros sabemos de su existencia. Los más pequeños nacen con ellas ya de forma innata y desde el principio dejan ver sus puntos fuertes al mundo. Se trata de que nosotros como mayores y con más experiencia en la vida seamos capaces de apreciarlos y les ayudemos a desarrollarlas y potenciarlas aún más para el beneficio de los pequeños a corto, medio y largo plazo en su vida.

Los niños tienen grandes capacidades personales. Ciertas habilidades para unas tareas u otras. Juegos, deportes, actitudes, valores, conductas, emociones, etc...

Tenemos que dejar a los niños su propia libertad a la hora de decidir que les gusta hacer, en que se centran cuando están aprendiendo algo nuevo, como lo desarrollan, etc... Teniendo que apartar nosotros como padres nuestros propios gustos, intereses o preferencias que queremos para ellos.

Para descubrir sus mejores intereses debemos tener una buenísima comunicación diaria con ellos. Preguntándoles como les ha ido en la escuela, que han aprendido y sobre todo **que les ha gustado más. En esas respuestas obtendremos valiosa información sobre sus gustos y preferencias.**

Es importante que su aprendizaje no sea exclusivo de lo que aprende en la escuela. Debemos iniciarlos y explicarles que existen muchas más formas de aprendizaje para mezclar y experimentar con ellas. Por ejemplo visitar museos con ellos, ir al cine a ver una película didáctica, asistir a charlas interesantes sobre otros temas menos hablados en las escuelas públicas, etc...

Realizar actividades culturales potenciará en tu hijo nuevos intereses quizás ocultos para él y que puede ir descubriendo.

Animarle a escribir, dibujar, pintar, decorar su habitación, crear algo original, imaginar nuevas formas de hacer las cosas, etc...

Existen valores que debemos potenciar en los pequeños de una forma adecuada y perseverante. El **entusiasmo** es uno de ellos. Debemos potenciar su vitalidad y energía a la hora de enfrentar retos. Que entienda que el esfuerzo y la disciplina son herramientas para el éxito personal y la obtención de todo lo que se proponga. Y que valore su propio esfuerzo y por supuesto que no se conforme con lo primero que obtenga. La vida hay que vivirla plenamente y para eso es necesario una gran dosis de energía positiva. El niño debe vivir en un ambiente optimista y alegre incluso en las peores circunstancias, eso le hará una persona fuerte y resolutiva para su propia vida.

La **humanidad** es otro de los valores que debemos alzar de nuestros pequeños. La forma de relacionarse con los demás y **su propia capacidad para amar y ser amado es fundamental para su desarrollo personal.**

Es importante que nuestro hijo entienda que pertenece a algo más grande que él mismo como es la familia, su entorno y el mundo en general. Nosotros seremos los responsables de iniciarlo en el pensamiento sincero de que somos todos una misma cosa y por lo tanto iguales y dispuestos a servirnos de ayuda entre todos.

Enseña a tu hijo a que sea amable con los demás. El pedir las cosas por favor, el pedir disculpas cuando tenga que hacerlo, el hablar de usted a las personas mayores o el decir gracias o adiós cuando sea necesario, son gestos importantes para que nuestro hijo crezca dentro de una adecuada educación hacia todos los demás.

FORMAS Y MÉTODOS DE ELEVAR SUS PUNTOS FUERTES

- **Demuestra y transmite a tu hijo tu amor incondicional hacia él.** Dile que siempre lo querrás y aceptarás pase lo que pase, sea quien sea y decida lo que decida hacer en su vida. Que aunque no puedas estar de acuerdo en ciertas conductas o decisiones, que tu amor hacia él es verdadero e incondicional. **Que tu amor hacia él es por quién es y no por lo que hace o desarrolla.**

- **Muéstrate disponible para tu hijo siempre.** Que tu hijo se sienta apoyado y comprendido cada vez que lo necesite. Eso potenciará su desarrollo y crecimiento personal.

- **Ponle límites.** El niño necesita un tipo de autoridad positiva. Es importante ser firme, ya que los niños también necesitan ver esa autoridad y firmeza pues aprenderán grandes valores de ella. Pero siempre que sea para crecer y mejorar como personas. La autoridad debe de ser sana, justa y constructiva.

- **El refuerzo positivo es híper beneficioso.** Refuerza lo que el niño haga bien pero sin llegar a sobrepasarte. La moderación es la base de todo en la vida y en el aprendizaje del refuerzo positivo también lo es.

- **Crea personas responsables y autónomas.** Una forma para acrecentar su responsabilidad es proponiéndoles que decidan sobre ciertas cosas para que ellos observen las consecuencias buenas o malas que puedan derivar de cada decisión. Establecer responsabilidades a los niños según sus capacidades y su etapa evolutiva también es una pauta de crianza muy apropiada.

- **Las acciones tienen consecuencias. Que aprenda a ser responsable de las suyas propias.** Las consecuencias forman parte de la vida y es la manera en la que aprendemos y nos hacemos responsables de nuestros actos. En los niños podemos empezar a educarlos hacia su propia responsabilidad y la mejor forma es enseñándole cuando realice algo que no esté bien, como por ejemplo dibujar en la pared. Que lo limpie y trate de dejarlo como estaba antes del dibujo. Eso no es un castigo es una consecuencia de su propio error y gracias a ese aprendizaje el niño aprenderá a ser más responsable.

Para que nuestros hijos saquen sus mejores virtudes y puntos fuertes necesitas un ambiente familiar estable, tranquilo, coherente y alegre.

Nosotros como padres debemos proporcionar el mejor de los ambientes familiares posibles para nuestros hijos y eso está en nuestras manos.

Es importante no crear incoherencias con nuestras palabras o actos. El niño capta todo lo que ocurre a su alrededor y si ve incoherencia en los padres será muy difícil que él actúe con coherencia en su vida. Si nos contradecimos en ciertas pautas, conductas o palabras, no será efectiva nuestra enseñanza y serán nuestros hijos los que paguen por ello en sus vidas.

DEJA QUE SEA ÉL QUIEN ELIJA LO QUE LE GUSTA Y CUÁLES SON SUS METAS Y SUEÑOS. RESPETA SU LIBERTAD.

Uno de los grandes errores que cometen la mayoría de los padres es intentar que sus hijos decidan o elijan lo que los padres quieren que hagan y no lo que a los propios hijos les gusta. Debemos escuchar sus gustos e intereses y respetar su propia libertad a la hora de tomar decisiones y decantarse por una actividad u otra, un deporte u otro, unas inquietudes u otras. **Tratar de imponer nuestros gustos a los hijos es coartarle su propia libertad personal**. Los padres están para escuchar a sus hijos y comprenderlos. Así como para respetar sus propios intereses y no para imponerles los nuestros.

Son innumerables las veces que escuchamos a los padres decir que quieren que sus hijos sean grandes profesionales, exitosos, etc... es decir esperan muchísimo de sus hijos y esperan que no les defrauden. **Esa presión es negativa para los niños, ya que desde muy temprano comienzan a sentirse observados y examinados para ver si su trayectoria transcurre por los caminos que desean sus**

padres. Esto al niño no le beneficia en absoluto. Debemos entender que el niño es una persona individual como tú y como yo y que tiene sus propios gustos e intereses. Que su personalidad se está formando y que debe de ir eligiendo conforme a su propio carácter e inquietudes.

Cada persona ha sido creada para que exprese su verdadera personalidad en la tierra y todos podamos disfrutar de su esencia individual, por lo que nadie, ni siquiera los padres deben interferir en esa individualidad personal. Es la esencia misma del alma y nace para expresarse tal y como es. Su personalidad es necesaria para la humanidad tal y como es y no debe intentar ser modificada ni condicionada por ninguna otra persona.

Desde que nacen los pequeños, los padres sienten la necesidad de transformarlos a lo que deberían de ser según sus propias personalidades, creencias, ideología y condiciones sociales.

El problema de todo esto es que nos tratamos de auto convencer de que es lo mejor para nuestros hijos y quizás deberíamos cuestionarnos si es lo mejor para ellos o para nosotros.

Antes de que nuestros hijos sean jóvenes queremos que ya tengan nuestros ideales y creencias, **¡¡DEBEMOS PARAR ESO!!, son nuestros hijos pero por eso no nos da derecho a decidir por ellos sus propios gustos o intereses.**

No hagas el mundo para tu hijo, deja que él cree el suyo propio. Para eso debemos guiar no imponer.

CONSEJOS PARA DEJAR ELEGIR A TUS HIJOS SUS PROPIAS DECISIONES

- Motiva a tu hijo a que practique alguna actividad pero no le obligues ni le impongas tus gustos personales.
- Ten en cuenta su edad, gustos, el carácter y las habilidades de tu hijo y dialoga con él antes de que elijáis la actividad extraescolar.
- Proponle que realice una clase de prueba de lo que ha elegido para saber si le gusta realmente.
- Tras el inicio de la actividad elegida, espera un tiempo para observar si realmente le gusta a tu hijo.
- Es muy importante que el niño acuda a la actividad con ilusión y voluntad.

En el caso de que observes que tu hijo no duerme bien, se muestra cansado y pone excusas para no acudir a la actividad, debes valorar si tu hijo está sobreocupado. En este caso no insistas en que siga con la actividad. Cuando crezca un poquito más podrá asumir más responsabilidades y aficiones. **El apoyo y la comprensión de los padres es fundamental**

En todo caso, es de suma importancia que el niño sienta el apoyo y motivación de los padres. Sigue de cerca la actividad del niño, su progreso y logros. Esto ayudará a que se sienta confiado, seguro y amado. Igualmente y en caso de que la actividad no resulte adecuada o del gusto del niño, reconoce el problema y convérsalo con tu niño, a su nivel. Tu niño se sentirá apreciado y respetado.

Nunca impongas tus gustos a los de él. **Recuerda que en nada podrá ser más bueno que en aquello que lo apasione.**

La vida siempre fluye de forma natural y así lo hacemos las personas desde nuestro nacimiento. Intentar interferir en el camino personal es un error. **Creerse con la autoridad suficiente para hacerlo es el mayor error que puede cometer un padre o una madre con respecto a su hijo.**

DEMOS LIBERTAD A NUESTROS HIJOS Y HAGÁMOSLOS DUEÑOS DE SU VIDA. NOSOTROS YA TENEMOS LA NUESTRA PROPIA Y AHORA ES EL MOMENTO DE QUE ELLOS CONSTRUYAN LA SUYA.

Esa lección es la mejor que podemos ofrecer a nuestros hijos y es la que debemos demostrarles cuando nos comuniquen sus propias decisiones, opiniones o caminos a seguir en sus vidas.

CONCLUSIÓN FINAL.

S e acaba este libro y antes de terminar quiero escribir mis últimas reflexiones sobre lo que debe ser una educación adecuada de un pequeño o pequeña en plena formación de su persona.

La lección más importante que va a aprender tu hijo desde la más temprana edad será el reflejo de tu propia esencia personal. Tus valores, tu conducta, tu propia educación, tu forma y estilo de vida y tu espiritualidad y energía interior canalizada al exterior, al mundo de lo material.

La mejor escuela de la vida es el ejemplo de los padres. Los hijos precisan más los ejemplos que las enseñanzas.

Es muy importante que entendamos que un recién nacido es una persona que ha venido a este mundo a mostrarnos su única y valiosa personalidad. Nosotros los mayores podemos ayudar a formar una personalidad segura y confiada al menor, a enseñarle los valores más importantes que deben tener las personas de bien y a guiarle para que su propio camino personal sea el más beneficioso para él en su andadura vital.

Con respecto a la formas y maneras de educar se han dicho y escrito tantas y tantas a lo largo de la historia que seguir añadiendo más sería empezar a repetirnos en las pautas y palabras escritas hasta ahora en este libro.

No hay mejor guía para educar a los niños que hacerlo desde el amor más puro y verdadero que todos tenemos dentro. Si entendemos que nuestra verdadera esencia interna es **luz pura y pacífica**, podremos comunicar a esos pequeños que recién comienzan sus vidas que lo más importante es **ser buenas personas, y entrenar el corazón a diario para que ninguna mala experiencia, persona perjudicial o influencias externas puedan apagar esa luz de amor eterna.**

Hay muchas formas de educar a los niños pero como resumen y para concluir os expongo lo siguiente:

La cólera, la ira u otra forma de conducta agresiva a la hora de educar a los hijos es un grave error, ya que nos llevará a ser impulsivos y hablar sin pensar. Actuar sin reflexionar puede lastimar, herir, ofender y llevar a cometer injusticias o errores en la relación padres-hijos.

Habla con tu hijo con calma y ten actitudes ponderadas. Muchos padres, llevados por la ira del momento hieren el corazón de los hijos con palabras semejantes a éstas:

"Tú no sirves para nada." "Maldita la hora en que te engendré." "Tú eres la vergüenza de la familia." "Tú no vales nada." "¡Tú eres un hijo indigno! "... y muchas más barbaridades que pueden causar un trauma duradero para los niños en sus vidas. Después, cuando estás en calma reflexionas y te arrepientes. Pero será demasiado tarde. Las palabras ya fueron dichas y el corazón de tu hijo ya fue herido.

A un corazón herido siempre le queda una cicatriz.

Tu hijo es un tesoro que merece todo el amor, respeto y cariño; **es un tesoro de la vida entregado en las manos de los padres.**

APRENDE ESTO Y GRABATELO A FUEGO:

Un joven comienza a desorientarse desde el momento en que pierde la confianza en sus padres. Mientras los hijos confíen en los padres, tendrán siempre una luz que los ilumine, una guía que los conduzca y una brújula que los oriente.

Los padres no les pueden exigir virtudes y cualidades que ellos no tienen. La misión de los padres es orientar, esclarecer, amar, comprender, incentivar. Actuar así es darle la oportunidad a tu hijo para que se afirme en la vida. El amor que los hijos reciben de los padres y la confianza que estos depositan en ellos es para los jóvenes un seguro de vida.

El desahogarse es una necesidad psicológica de toda persona. Tu hijo muchas veces está psicológicamente agobiado y siente la necesidad de desahogarse.

Precisa decir lo que siente.

Escucha con paciencia y benevolencia su desafío aunque hable en forma agresiva e irritada. Aprende a escuchar con paciencia y atención el desahogo de tu hijo y evitarás muchas discusiones, desavenencias y contrariedades. Deja que tu hijo diga todo lo que siente y cuando esté en calma, estará en condiciones de razonar y reconocer el error. Comparte las dudas, angustias y problemas de tu hijo y él será también tu amigo. Saber escuchar en silencio es una virtud que los padres también deben ejercitar y aplicar en la educación con sus hijos. Antes de contradecir a tu hijo escucha, analiza y trata de comprender lo que él quiere decir. Y después habla pero con amor. Cuando los padres se precipitan en responder o en contradecir al hijo pueden cometer una injusticia o interpretar de modo incorrecto y esto suscita la rebeldía del hijo. Deja que tu hijo hable y oiga pacientemente, sólo después habla, analiza, medita y dialoga con él.

El hijo no es un adversario a combatir sino un amigo a conquistar. Y para conquistar nada mejor que saber oír.

Tu hijo precisa consejos y recomendaciones pero deben ser bien dosificados, dados con amor y bondad. Una andanada de consejos y recomendaciones irrita y satura. El exceso, en lugar de producir efectos positivos trae resultados negativos. Da a tu hijo los consejos más útiles y prácticos, no los más agradables. Dale un consejo como una sugerencia y no como una imposición.

Cuantos jóvenes hay que aún no descubrieron el verdadero sentido de la vida. Viven y no saben por qué. Estamos en este mundo para amar y hacer el bien. El amor nos une unos a otros. El amor siempre trae unidad y conlleva a hacer obras de bien. Una vida sin amor es una vida vacía y sin sentido.

La vida nos es dada para crecer siempre más en el amor y para engrandecernos a través de la práctica del bien.

Educar no es sólo combatir el mal, señalar y censurar los errores; **educar es sobre todo incentivar el bien, impartir buenas costumbres, valorizar las buenas obras y estimular.**

El exceso de críticas y de censuras elimina el incentivo y el deseo del bien. Pero apreciar y valorar las cosas buenas estimula y anima a proseguir el camino del bien y a mejorar. El exceso de críticas y censuras lo vuelve inseguro, angustiado y alterado.

Señala con amor los errores de tu hijo, aprecia sus virtudes, incentiva el bien y valoriza sus buenas acciones.

Que la crítica, la censura y la reprensión sean siempre constructivas y no destructivas. Que sean siempre positivas y no negativas.

Recordar errores pasados y ya perdonados desestimula y desanima. No es agradable oír siempre la misma queja. Oír siempre la misma melodía de las personas que persisten en tocar la misma tecla. Olvida los errores cometidos por tu hijo en el pasado e incentiva el bien en el presente valorizando sus buenas acciones por pequeñas que sean.

PARA FINALIZAR: APRENDE DIVIRTIÉNDOTE JUNTO A TUS HIJOS

Efectivamente, hay un componente social claro en el hecho de divertirse y evidentemente, todo componente social es educativo ya que nos ayuda a socializarnos, aprendemos, proyectamos en el otro, compartimos, desarrollamos emociones, trabajo en equipo, la cooperación...

Al fin y al cabo, en una sociedad en la que parece que se habla mucho de producir, trabajar, el dinero, el materialismo, etc. una parte importante del ser humano de toda la vida, históricamente siempre ha sido ser feliz, realizarse como persona... El ocio también tiene un componente educativo importante. El hecho de divertirse y socializarse tiene esa parte educativa, es la educación para ser feliz.

En el colegio, en clase, en el recreo, en las actividades extraescolares, en casa, en sus ratos libres o durante los fines de semana. Cada momento tiene una forma de diversión y una finalidad para la educación de los niños.

Durante los fines de semana los niños disfrutan del ocio familiar, realizan actividades con sus padres y hermanos y a nivel educativo les proporciona los valores familiares y cohesión familiar tan importantes para los niños.

El mundo artístico también es una buena opción de ocio educativo. Ir a ver un espectáculo, una película, una actuación de títeres o un show de payasos, etc...Introducir a los niños en el mundo de las artes es ayudarles a que aprendan experimentando sensaciones. La diversión es fundamental para la educación de los niños, debemos de dar la importancia que el ocio y el juego tiene para la educación de los niños.

DEJA EXPRESARSE A TU HIJO, NO LO INTERRUMPAS DANDO POR HECHO QUE SABES LO QUE TE VA A DECIR, TEN PACIENCIA Y ESPERA A QUE TERMINE.

RECONÓCELE SUS VIRTUDES Y PUNTOS FUERTES, REFUERZALOS. EL HALAGO ES UN POTENTE ARMA PARA REFORZAR SUS VIRTUDES. NO LE HABLES SOLO DE SUS DEFECTOS O ERRORES.

RESPETA SU PROPIA ESENCIA PERSONAL. NO TIENE POR QUÉ SER IGUAL QUE NOSOTROS O LO QUE NOS GUSTARÍA QUE FUERA. EL TIENE SUS PROPIOS PROPÓSITOS, OBJETIVOS Y METAS Y PUEDE QUE NO SEAN LAS MISMAS QUE LAS QUE TU DESEAS PARA ÉL.

NO LO SOBREPROTEGAS. DALE AUTONOMÍA. LA SOBREPROTECCIÓN ES PERJUDICIAL Y APARECE DEBIDO A TUS PROPIOS MIEDOS PERSONALES ANTE CUALQUIER SITUACIÓN EN LA QUE PUEDA EXISTIR UNA MÍNIMA POSIBILIDAD DE PELIGRO PARA ÉL.

NO LES GRITES NI LES HABLES CON VIOLENCIA O DE FORMA AGRESIVA.

NO LOS COMPARES CON NADIE, NI HERMANOS NI OTROS NIÑOS NI NADIE. ES UN ERROR.

NO COMUNICARNOS ADECUADAMENTE Y CON LA FRECUENCIA NECESARIA CON NUESTROS HIJOS. A LA HORA DE EDUCAR A UN HIJO, UNA DE LAS MEJORES MANERAS ES HABLANDO, COMUNICÁNDONOS CON ÉL DE SENTIMINETOS, MIEDOS O TEMORES, AMOR, SITUACIONES DETERMINADAS, ETC... ESO CREARÁ UN VÍNCULO ETERNO ENTRE TU Y TU HIJO.

LuisGarre

Gracias por el tiempo que le has dedicado a leer "Opositar y Triunfar". Si te gustó este libro y lo has encontrado útil te estaría muy agradecido si dejas tu opinión en Amazon. Me ayudará a seguir escribiendo ebooks para que sirvan de ayuda a cuantas más personas mejor. Tu apoyo es muy importante. Leo todas las opiniones e intento mejorar cada día en mi propósito de vida. Puedes dejar tu opinión en la página de este libro en Amazon haciendo un poco de scroll hacia abajo en el apartado "Opiniones de clientes", "Escribir mi opinión" en Amazon.es o en "Customer Reviews"- "Write a Customer Review" en Amazon.com.

¡Gracias por tu apoyo!

Por último recuerda que en la dirección:

www.luisgarre.com/regalo

puedes descargarte mi ebook gratuito "Experiencias físicas para comprender la Eternidad" como muestra de mi agradecimiento hacia ti.

Si lo deseas también puedes visitar mi web:

www.luisgarre.com